ars vivendi

Tina Deininger
Gerhard Jaugstetter
ars vivendi

Tango

Leidenschaft in Buenos Aires

Gewidmet den tangueros porteños, die uns in die Welt des Tango entführten und uns mit ihrer Tangoleidenschaft bezauberten

2. Auflage 2002
Fotografie, Idee, Konzeption und Textauswahl:
Tina Deininger und Gerhard Jaugstetter
Gestaltung: Armin Stingl, Fürth
Lithographie: Reprostudio Schmidt, Nürnberg
Druck: Verlag Nürnberger Presse, Druckhaus Nürnberg GmbH & Co.

ISBN 3-89716-087-0

Tango *Leidenschaft in Buenos Aires*

WILDE
24

150 RETIRO

SALIDA
TBA

CAFE

Whirlpool
MERCEDES-BENZ
Salud
TAXI
16211

CULTURA NACIONAL
PEÑA LOS AMIGOS
POMPEYA
PATRICIOS
TANGO
BAR
BAR EL CHINO
AMIGOS QUE YO QUIERO
QUEJA DE BANDONEON

PLAZA
DORREGO
BAR

ANIBAL TROILO
(PICHUCO)
Esta es tierra de amarguras y desengaños, de melancolías y nostalgias. Pocos como vos, Pichuco, han sabido decir este desdichado destino en el sombrío éxtasis de tu bandoneón.
Buenos Aires, Otoño de 1979 Ernesto Sábato
¿Quien repite esta raza de uno solo? Pichuco de las manos como palios amado por nosotros, por nosotros
Buenos Aires, Mayo de 1979 Horacio Ferrer
¡QUERIDO ANIBAL!
TU TERNURA LA MISMA
QUE DEJASTE EN MI CORAZON
ME AYUDARA A ENCONTRARTE
ZITA Mayo 1979
¡PICHUCO!
NACIO 11 DE JULIO 1914
FALLECIO 18 DE MAYO 1975

ALMACÉN
DE
TANGOS GENERALES
NO ESTACIONAR

Subte
C. Gardel
Línea B a Fco. Lacroze y L. N. Alem
full color
EL LABORATORIO DEL ROLLO
FOTO CARNET DIGITAL USTED ELIGE SU FOTO

DUHALDE 99
SEGURIDAD
DUHALDE 99
SEGURIDAD
DUHALDE 99

Tango *Leidenschaft in Buenos Aires*

Man könnte sagen, daß man ohne Abende und Nächte von Buenos Aires keinen Tango schreiben kann und daß uns Argentinier im Himmel die platonische Idee des Tangos erwartet, seine universale Form, und daß diese wiewohl bescheidene, aber glückhafte Gattung ihren Platz im Universum hat.
Jorge Luis Borges, Geschichte des Tango

Der erste Weg nach der langen Reise an den Río de la Plata wird vielleicht in eines der schönsten Kaffeehäuser der Welt führen: In der berühmten Avenida de Mayo, *gleich neben der* Academia Nacional del Tango, *liegt das älteste Café der Stadt, das 1858 von einem französischen Einwanderer gegründete* Café Tortoni.

Schon das Eingangsschild mit dem Porträt von Carlos Gardel, *berühmtester aller Tangosänger, läßt die Erwartungen steigen. Im Inneren umfängt den Besucher das Flair eines eleganten Kaffeehauses, in dem sich seit den 20er Jahren bis heute Künstler, Schriftsteller, Tangomusiker und Intellektuelle treffen. Die mit Bildern überreich behängten Wände laden zum andächtigen Schauen ein: Porträts von Tangogrößen und Berühmtheiten des kulturellen Lebens, eine Fotografie von der Hand der Lyrikerin* Alfonsina Storni *(die dem angegliederten Salon ihren Namen gab), Lithografien mit teilweise recht rauhen Szenen aus Tangoliedern, alte Notenblätter mit Milongamelodien. Daneben Bronzebüsten von* Borges, *vom Maler* Benito Quinquela Martín *(der den Künstlerkreis* La Peña *im* Tortoni *gründete) und – wie so häufig – vom unsterblichen* Gardel.

Die Informationsstelle in einem Nebenzimmer des Cafés ist ein wahres Eldorado für Tangofreunde: Inmitten von Vitrinen mit alten Schriftstücken, Zeitungen und weiteren Fotografien aus der Entstehungszeit des Tango macht eine Tangospezialistin auf interessante Veranstaltungen aufmerksam – welcher Star gerade wo auftritt, welche Show sehenswert ist, welches Konzert man nicht versäumen darf. Auch weist sie Interessierte auf den Salon Alfonsina *hin, in dem außer den abendlichen Konzerten beinahe täglich Vorträge über den Tango gehalten werden, und gibt ihnen zum Abschluß noch eine lange Adressenliste samt ein paar Geheimtips mit auf den Weg ...*

Ebenso bekannt wie das Tortoni *ist die* Confitería Ideal. *Das im Stil der Belle Epoque erbaute Kaffeehaus macht im Vergleich zum lebhaften und luxuriösen Betrieb des Cafés an der Avenida de Mayo tagsüber einen etwas traurigen Eindruck. In dem großen, nur mäßig frequentierten Saal mit den mahagonigetäfelten Wänden und riesigen halbblinden Spiegeln kommt unwillkürlich ein »Tangogefühl« auf: Der verstaubte Charme längst vergangener glanzvoller Zeiten stimmt ein wenig schwermütig. Und die Befürchtung stellt sich ein, daß* La Ideal *ein ähnliches Schicksal treffen könnte wie die berühmte Confitería del Molino, Las Violetas oder das von* Gardel *besungene Café de los Angelitos: sie alle mußten in den letzten Jahren wegen Finanznot schließen.*

Doch glücklicherweise gibt es sie noch, die vielen Tangofreunde von Buenos Aires, die jeden Abend vor allem den großen Saal in der ersten Etage der Confitería Ideal *füllen. Im hier beheimateten Club* El Abrazo *sind überwiegend ältere Tangotänzer zu Hause und organisieren schon nachmittags Unterrichtsstunden oder Tanzveranstaltungen. Bei den abendlichen Bällen, die bis in die frühen Morgenstunden dauern, finden aber auch jüngere Tango-infizierte hierher, um den »alten Hasen« auf die Füße zu schauen. Nicht selten kommt es vor, daß einer jungen Anfängerin von einem nahezu Siebzigjährigen geduldig gezeigt wird, wie die Figuren* medialuna, rueda *oder* abanico *getanzt werden. Von demselben Grandseigneur übrigens, der erzählt, daß er nie einen Arzt konsultiert: Der Tanz sei für ihn Droge und Therapie zugleich! Was er eindrucksvoll beweist, als er später mit seiner jungen Partnerin in einer Folge von kunstvoll ineinandergreifenden Schritten scheinbar mühelos über die Tanzfäche gleitet.*

Die meisten Tänzer haben schon in früher Kindheit, von Eltern und Großeltern unterwiesen, mit dem Tango angefangen. Auch an manchen Schulen wird er gelehrt, und für Erwachsene findet die clase, *der Unterricht, bei Privatlehrern in Studios oder in den Tanzsälen der Clubs statt.*

Die Kurse sind gemischt, Anfänger üben neben fortgeschrittenen Tänzern. Begonnen wird die Stunde mit Schrittübungen, wobei vor allem auf stolze Haltung und Gefühl für den Rhythmus geachtet wird. Später folgt das Einstudieren einzelner Figuren und Schrittfolgen, die entweder die Tanzlehrer selber oder ein professionelles Paar vorführen. Letztere nehmen an der clase *teil, um mit Hilfe der Lehrer eine bestimmte Choreographie, schwierige Figuren,* quebradas *und* cortes *einzustudieren.*

Ist die Lektion für diesen Abend beendet, schließt sich oft eine milonga an. Die Zeit für ihre Vorbereitung nutzen die Schüler gerne, um sich schön zu machen für den Tanz. Die Erwartungen an die Veranstaltung, die frühestens um 23 Uhr beginnt, sind vielfältig. Denn eine milonga in Buenos Aires bedeutet auch: Sehen und gesehen werden!

Die meisten Besucher kennen sich durch die Zugehörigkeit zum Club, der in vielen Fällen als Veranstalter auftritt. Vor Mitternacht füllt sich der Saal nur zögernd, erst wenige Plätze sind besetzt, die Musik kommt noch vom Band. Ein einsames Paar dreht sich auf der Tanzfläche, bricht unvermittelt ab und wiederholt die letzte Figur. In dieser ruhigen Atmosphäre ist Zeit genug und jeder Anlaß willkommen, sich ein wenig zu unterhalten, Neuigkeiten auszutauschen und die Ankömmlinge zu begutachten: Was trägt sie heute abend, wer kommt mit welchem Partner?

Oder es geht um eine der drei großen Leidenschaften des porteño: »Wie fandest du das Spiel von Boca Juniors?« Daß die Fußball-Leidenschaft bei einer milonga nicht zu kurz kommt, dafür hat das Lokal Maracaibo genial Sorge getragen: Dank einer riesigen Leinwand haben die Männer sogar während des innigsten Tanzes immer noch die Situation auf dem Fußballfeld im Blick – wenigstens mit einem Auge. Und für die anderen beiden Leidenschaften, die den argentinischen Männern nachgesagt werden, die Frauen und der Tango, ist bei einer milonga allemal bestens gesorgt.

Weit nach Mitternacht im Torquato Tasso: Der Saal hat sich gefüllt, elegant gekleidete Paare, die nicht unbedingt miteinander verheiratet sind – manche Veranstaltung wird auch scherzhaft »Ball der Ehebrecher« genannt –, drehen sich zur Musik, die jetzt nicht mehr aus der Konserve kommt. Der Pianist José Colángelo, der Mann am Bandoneon, der Kontrabassist und der Geiger zaubern mit den fiebernden Synkopen des tango nuevo eine Stimmung herbei, die keinen mehr auf seinem Platz hält. Jeder will tanzen, und jeder tanzt den Tango so, wie es ihm gerade gefällt: mancher virtuos und mit dem Ziel, der Beste auf dem Parkett zu sein; andere Paare entrückt, hingebungsvoll, leidenschaftlich.

Dann, schon viel später in der Nacht, gibt es noch eine Showeinlage von professionellen Tänzern. Jetzt ist die Stimmung auf dem Höhepunkt, die Begeisterung grenzenlos! Kein Wunder, daß der Morgen schon graut, wenn man erschöpft, aber glücklich den Weg nach Hause einschlägt.

Wer Buenos Aires zu Fuß durchstreift, dem wird auffallen, daß bei aller Eigenständigkeit und Vielfalt der barrios der Tango in der ganzen Stadt zu Hause ist. Von überall her sind seine Melodien zu vernehmen: aus dem Radio – es gibt hier natürlich mehrere eigene Tangosender –, dem Fernsehkanal Sólo Tango oder von einem alten Grammophon. Die barrios werden in vielen Tangos besungen, dessen Texte allesamt die Verbundenheit des porteño mit seinem heimatlichen Viertel ausdrücken – ebenso wie die gerne erzählte Anekdote von dem porteño, der von einem in einen anderen barrio umzieht. Er packt seine Habseligkeiten in Kisten und Koffer und bestellt den Umzugswagen. Doch bevor er endgültig seinen Stadtteil verläßt, gibt er noch für all seine Freunde ein großes Fest. Dann nimmt er von ihnen tränenreich Abschied, so als müßte er in ein fremdes Land oder gar auf einen anderen Kontinent ziehen.

Als typisches Tangoviertel gilt La Boca, das ehemalige Hafenviertel, wo mit den Seemännern und Einwanderern der Tango seinen Einzug in die Kaschemmen und Bordells von Buenos Aires hielt. Ebenso das Arbeiterviertel Pompeya mit seinen Lagerhöfen und Fuhrunternehmen; Palermo, in dem der Dichter Jorge Luis Borges eine Zeitlang zu Hause war; das Zentrum mit der Avenida Corrientes, wo sich viele Theater und Tangosalons befinden; und schließlich San Telmo: dieser barrio ist mit seinen Tangobars, in denen berühmte Shows gezeigt werden, und den zahllosen Kneipen der Dreh- und Angelpunkt der aktuellen Tangoszene. Auch kann man hier wie in La Boca den Tango unter freien Himmel entdecken, zum Beispiel sonntags auf der Plaza Dorrego: Stände mit Antiquitäten, hauptsächlich Tangosouvenirs, sind aufgebaut, es spielt ein kleines Straßenorchester. Ein paar Schritte weiter treten professionelle Tänzer auf, die ihre Vorstellung mit der Werbung für ihre clase verbinden. Bald schon animieren sie das Publikum zum Tanz. Ein alter Galan mit roter Nelke im Knopfloch, uns noch bekannt von der milonga nachts zuvor, fordert die kesse Tänzerin der Musikgruppe auf.

Doch am schönsten ist es an Wochentagen, wenn dem ziellos Umherstreifenden beim Spaziergang in San Telmo das typische Jammern, Schluchzen und Stöhnen des »Blasebalgs«, wie die porteños liebevoll das Bandoneon nennen, entgegenklingt. Man braucht den Tönen nur zu folgen, und bald schon erreicht man den Platz, wo sich der Straßenmusiker niedergelassen hat. Schnell findet sich eine kleine Gruppe von Zuhörern ein, und ein Paar beginnt zu tanzen. Die beiden wirken in sich gekehrt, wie abwesend, und ihre Schritte folgen langsam, schleifend, arrastrando der Musik. Einen Moment lang sind alle wie verzaubert. Dann geht jeder wieder seiner Wege, beinahe so, als wäre nichts geschehen.

Sogar der volkstümliche Friedhof La Chacarita hat seinen eigenen barrio de tango, sein eigenes Tangoviertel: im hinteren Teil der Anlage werden die Großen des Tango über ihren Tod hinaus verehrt.

Als Bronzefigur sitzt Aníbal Troilo, der verehrte Lehrmeister von Piazzolla, in Lebensgröße über sein Bandoneon gebeugt. Osvaldo Pugliese hat sogar ein eigenes Mausoleum und stimmt an einem bronzenem Flügel einen Tango an. Schließlich Carlos Gardel in bekannt lässiger Pose – und viele Unsterbliche mehr. Ihnen allen werden Tag für Tag Blumen zu Füßen gelegt. Dem »Stummen« aber, wie Gardel auch genannt wird, dem man nachsagt, er sänge jeden Tag besser, ihm steckt man dazu noch täglich eine brennende Zigarette zwischen die Lippen.

Dem Mythos Gardel begegnet man ebenso außerhalb des Friedhofs. Nicht allein, daß sein immer lächelndes Porträt die meisten Kneipen und Tangobars ziert und seine unverwechselbare Stimme aus den Lautsprechern tönt. In vielen Shows oder Konzerten gibt es Szenen, in denen die Tänzer oder Sänger wie »Carlito« gekleidet auftreten: mit dem eleganten Anzug, dem schicken Hut und dem Seidenschal als Markenzeichen.

Aber auch Aníbal Troilo, genannt Pichuco, genießt unverändert große Verehrung in Buenos Aires: er war nun einmal der größte Bandoneonspieler aller Zeiten! Die Bar El Carmen im Zentrum der Stadt ist ganz seinem Andenken gewidmet, die Wände mit Fotografien von ihm und anderen tangueros zeugen davon. Diese Verehrung geht so weit, daß die Kreuzung Calle Paraná/Paraguay, an der die Bar liegt, sogar nach ihm benannt ist: La Esquina de Troilo.

Diese Kultstätten des Tango, die Tangobars, finden sich in der ganzen Stadt, besonders viele allerdings in San Telmo. Im Gegensatz zu den größeren Etablissements mit ihren berühmten Shows, dem Tango for export, der auf touristische Bedürfnisse zugeschnitten ist, geht es in den kleineren, typischen Lokalen meist familiär zu. Oft kommt es zu einem persönlichen Kontakt mit dem Zuschauer, der dann schon mal mit der Tänzerin der Show eine Runde aufs Parkett legen muß.

Ein ganz besonderes Erlebnis aber ist eine Freitagnacht im El Chino draußen in Pompeya. Wie uns augenzwinkernd versichert wird, soll es dort angeblich eine Tangoveranstaltung geben, die ganz anders sei als die im Zentrum, eben muy porteño.

Auf den ersten Blick scheinen die schick gekleideten Gäste nicht in dieses einfache Lokal mit den derben Holztischen zu passen. Doch genauso unkompliziert, wie der Wirt, unterstützt von seiner ganzen Familie, die Gäste plaziert und für gute Laune *sorgt, so machen sich die Besucher miteinander bekannt. Nachdem man von dem schweren Wein aus der Mendozaregion gekostet und mit dem Tischnachbarn angestoßen hat, ist die Stimmung schon sehr ausgelassen. Und in kürzester Zeit gibt es im ganzen Lokal keinen einzigen freien Platz mehr!*

Jetzt wird deftiges Essen, wahre Fleischberge, aufgetragen. Nach dem Dessert beginnt sogleich das eigentliche Programm, das die geladene Sängerin eröffnet. Als erster musikalischer Höhepunkt tritt zur Begeisterung aller kurz darauf der Wirt, El Chino *selbst, auf. Zu fortgeschrittener Stunde greifen auch Gäste zu Mikrophon und Gitarre, dazu wird Tango getanzt. Die wenigen Europäer im Publikum sind inzwischen längst integriert, und so ist es eine große Familie, die hier den ursprünglichen Tango feiert. Als wir* El Chino *in den frühen Morgenstunden verlassen, haben wir eine Vorstellung davon bekommen, was muy* porteño *bedeutet.*

Auch bei den großen Tangokonzerten in den Theatern von Buenos Aires sind die Zuschauer begeistert bei der Sache. Zuerst steht man allerdings, wie überall in der Stadt, vor dem Eingang diszipliniert Schlange, oft gar um mehrere Häuserecken. Dabei nutzen die porteños *gern die Gelegenheit, ebenfalls anstehende Europäer darauf aufmerksam zu machen, welche Künstler bei der heutigen Gratisvorstellung auftreten, die die Stadt ihren Bürgern wöchentlich bietet, und wo die besten Plätze sind. Wir erfahren also, daß im* Teatro Cervantes *das bekannte* Sexteto Sur *spielt und voraussichtlich ein paar Stücke von* Piazzolla *zum Besten geben wird.*

Der große Astor Piazzolla *ist nicht bei allen Tangofreunden von Buenos Aires gleichermaßen beliebt. Vielleicht weil er, der Begründer des* tango nuevo, *in seinen Kompositionen den Tango mit Elementen klassischer Musik und dem Jazz verwob.*

Später im Konzert bangt man bei einer besonders rasanten Passage um die beiden Bandoneons, denn diese Instrumente werden nicht mehr neu hergestellt. Ein älterer Herr neben uns begnügt sich mit der kurzen Bemerkung: »Muy Piazzolla!«

Auch bei den schwierigen cortes *und* quebradas *der Weltklasse-Tänzer, die das Programm im* Teatro Alvear *begleiten, wird an Kommentaren nicht gespart. Ein beifälliges Raunen steigert sich zu begeisterten Zwischenrufen und Beifallsklatschen während der Darbietung, und natürlich bricht der Schlußapplaus ungebremst lange vor dem letzten Akkord los.*

Von den schwermütigen Tangos der Sängerin María José Demare *im* Palacio de Gobierno *schließlich ist das Publikum so ergriffen, daß viele am Schluß des Konzerts den Tränen nahe sind und zum Taschentuch greifen müssen.*

Am Ende des Aufenthalts in der Stadt am Río de la Plata hat der Tangofreund alle Facetten des tango argentino kennengelernt: seine traurige, klagende, sehnsuchtsvolle Seite ebenso wie seine erotische, draufgängerische und frivole. Dabei ist es nicht wichtig, ob man die Kunst der tangueros *beherrscht, »mit den Füßen zu träumen«, oder sich das Gefühl für den Tango beim Zuhören und Zuschauen einstellt. Die* porteños *machen es dem Besucher leicht, sich ihrem »geliebten Buenos Aires«, ihrer vielbesungenen Stadt, anzunähern und mit ihnen einzutauchen in eine Welt der Tangoleidenschaft.*

Tina Deininger und Gerhard Jaugstetter
Burgwindheim im Herbst 1999

Verfluchter Tango

*Bei der Arbeit in einem Betrieb war ich glücklich,
spürte nie den Wunsch zu tanzen,
bis mich ein Jüngling verliebt machte
und zum Tango einmal mitnahm.
Der Tango jenes Tages wurde meine Obsession,
in ihm gab sich begierig meine Seele auf,
denn beim Tanzen fühlte ich im Herzen,
wie eine süße Illusion
geboren wurde.*

*Es war so sanft die Harmonie
von jenen seltsamen Klängen,
daß ich voller Wonne fühlte,
wie mein Herz ins Träumen geriet.
Gleichsam hinter einer Hoffnung,
die alles, wenn man sie erreicht, erfüllt,
drehte ich mich verrückt bei diesem Tanz,
der mich zu lieben lehrte.*

*Die Schuld hatte jener verfluchte Tango,
den zu tanzen mein Galan mich unterweis,
und als er mich in den Morast gestoßen,
gab er mir unsre Trennung zu verstehn.
Mein Herz, von Kummer verwundet,
suchte Trost und Ruhe im Cabaret,
aber beim Tanzen spürte ich, wie aus ihm
meine einstige Illusion
verschwand.*

Maldito tango

*En un taller feliz yo trabajaba,
nunca sentí deseos de bailar
hasta que un joven que me enamoraba
llevóme un día con él para tanguear.
Fue mi obsesión el tango de aquel día
en que mi alma con ansia se rindió,
pues al bailar sentí en el corazón
que una dulce ilusión
nació.*

*Era tan suave la armonía
de aquella extraña melodía
que lleno de gozo sentía
mi corazón soñar.
Igual que en pos de una esperanza
que al lograrlo todo se alcanza
giraba loca en esa danza
que me enseñaba a amar.*

*La culpa fue de aquel maldito tango
que mi galán enseñóme a bailar
y que después hundiéndome en el fango
me dio a entender que me iba a abandonar.
Mi corazón de pena dolorido
consuelo y calma buscó en el cabaret,
mas al bailar sentí en el corazón
que aquella mi ilusión
se fue.*

Café Tortoni

Café von Buenos Aires

Du gabst mir in Gold eine Handvoll Freunde,
die immer noch meine Stunden ermuntern:
José, mit seiner Phantasterei,
Marcial, der noch glaubt und hofft,
und der dürre Abel, der uns verließ,
mir aber Vorbild geblieben ist.
An deinen Tischen, die niemals fragen,
beweinte ich eines Abends die erste Enttäuschung,
wurde ich für den Schmerz geboren,
trank ich meine Jahre
und lieferte mich kampflos aus.

Cafetín de Buenos Aires

Me diste en oro un puñado de amigos,
que son los mismos que alientan mis horas:
José, el de la quimera ...
Marcial, que aún cree y espera ...
y el flaco Abel, que se nos fue
pero aún me guía ...
Sobre tus mesas que nunca preguntan
lloré una tarde el primer desengaño,
nací a las penas,
bebí mis años
y me entregué sin luchar.

UCO 974

JUAN CARLOS FERRARO
ESCULTOR

Confiteria Ideal

Bandoneonseele

Es war deine Stimme,
Bandoneon,
deren Stöhnen mir
den Schmerz
über das Scheitern
anvertraute;
deine Stimme, die die Tiefe
des dunklen
und gnadenlosen Lebens
und dessen ist, der zu fliegen träumte,
aber seine Illusion rumschleppt
und sie beweint.

Alma de bandoneón

Fue tu voz,
bandoneón,
la que me confió
el dolor
de fracaso
que hay en tu gemir;
voz que es fondo
de la vida oscura
y sin perdón,
del que soñó volar
y arastra su ilusión
llorándola ...

Drehorgel am Abend

In den Tönen jener kleinen Musik
liegt eine irgendwie flüchtige Stimmung,
die das ganze Stadtviertel
mit Rührung zu durchdringen scheint.
Das kommt daher, daß sie nach und nach
so viele Erinnerungen wachruft
und die Seelen mit dem großen Wunsch
zu weinen erfüllt.

Organito de la tarde

En las notas de esa musiquita
hay no sé qué vaga sensación,
que el barrio parece
impregnarse todo de emoción.
Y es porque son tantos los recuerdos
que a su paso despertando va,
que llena las almas
con un gran deseo de llorar.

Milonga

Radierung

Es ist Mitternacht, das Cabaret erwacht,
viele Frauen, Blumen, Champagner,
es beginnt wieder das traurige Fest
derer, die im Rhythmus einer Begierde leben.
Vierzig Lebensjahre halten mich in Fesseln,
weiß das Haupt und alt das Herz;
heute kann ich mit Schmerzen betrachten,
was einst meine Träume erfüllte.

Acquaforte

Es medianoche, el cabaret despierta,
muchas mujeres, flores y champán;
va a comenzar la eterna y triste fiesta
de los que viven un ritmo y un afán.
Cuarenta años de vida me encadenan,
blanca la testa, viejo el corazón;
hoy puedo ya mirar con mucha pena
lo que otros tiempos miré con ilusión.

Coca-Cola
PHILIPS

Barrios de Tango

Stadtteil des Tango

*Ein Winkel, der dort im Stadtteil Pompeya
am Bahndamm eingeschlafen ist,
eine Laterne, die an der Schranke schaukelt,
und ein Geheimnis, das der Zug zum Abschied sät.
Hundegebell zum Mond
und Zuflucht einer Liebe im Hauseingang.
Im Teich der Gesang der Frösche
und in der Ferne die Stimme des Bandoneon.*

*Stadtteil des Tango, des Mondes, des Geheimnisses,
wie ergeht es deinen fernen Straßen,
was ist aus den alten, längst vergeßnen Freunden
geworden, wo sind sie geblieben?*

Barrio de tango

*Un pedazo de barrio, allá en Pompeya,
durmiéndose al costado del terraplén.
Un farol balanceando en la barrera
y el misterio de adiós que siembra el tren.
Un ladrido de perros a la luna.
El amor escondido en un portón.
Y los sapos redoblando en la laguna
y a lo lejos la voz del bandoneón.*

*Barrio de tango, luna y misterio,
calles lejanas, ¡cómo estarán!
Viejos amigos que hoy ni recuerdo,
¡qué se habrán hecho, dónde estarán!*

Un cacho de
metido en
DEL CARMEN
GARDEL
Gancia

Roberto Floro
Amoresano
Artista Pinter

✔TODA MI VIDA ✔SUR
✔GARUA ✔DISCEPOLIN
✔MARIA ✔A HOMERO
✔RESPONSO ✔NAIPES
✔LA ULTIMA CURDA
La Esquina de Anibal Troilo
EL BANDONEON
QUEDO TRISTE
Y SOLO.
SE FUE SU DUEÑO,
SE FUE SU ALMA,
PICHUCO
YA NO ESTA.

TANGO
ACCION
CULTURAL

CAFE BAR

UB DESCAMISADOS
de EVITA
AGRUPACION PERONISTA
DESCAMISADOS
IBERLUCEA
1198

PROGRESO

JUVENAL
BUENOS AIRES

Tango in den Straßen

Warum ich so singe

Und ich wuchs auf in Tangos,
wurde aus Haß und Traurigkeit geformt,
aus der Erbitterung, die die Armut lehrt,
aus den Tränen der Mütter,
aus der Empörung dessen, der stark ist,
aber untätig den Hunger ertragen muß.
Und ich wuchs auf in Tangos,
denn der Tango ist kämpferisch und stark,
er riecht nach Leben und schmeckt nach Tod.

Por qué canto así

Y yo me hice en tangos,
me fui modelando en odio, en tristeza ...
En las amarguras que da la pobreza ...
En llantos de madres,
en las rebeldías del que es fuerte y tiene
que cruzar los brazos cuando el hambre viene ...
Y yo me hice en tangos
porque el tango es bravo, porque el tango es fuerte,
tiene olor a vida, tiene gusto a muerte.

Edison

GEM
bandoneon

1056
CINE
Publicitario
canta mejor

Tango-Bars

Che Bandoneon

Bandoneon,
heut nacht wird geschwoft,
und ich kann dir eine Wahrheit gestehn,
Glas um Glas, Schmerz um Schmerz, Tango um Tango,
eingehüllt in den Irrsinn
des Alkohols und der Bitterkeit.
Bandoneon,
warum sie so häufig nennen,
siehst du nicht, daß das Herz vergessen will
und sie Nacht um Nacht wie ein Lied
in deinen Tränen wiederkommt.
Che Bandoneon!

¡Che Bandoneón!

Bandoneón,
hoy es noche de fandango
y puedo confesarte la verdad,
copa a copa, pena a pena, tango a tango,
embalado en la locura
del alcohol y la amargura.
Bandoneón,
para qué nombrarla tanto,
non ves que está de olvido el corazón
y ella vuelve noche a noche como un canto
en las gotas de tu llanto,
¡che bandoneón!

Bar El Chino

Konzert und Show

Malena

Malena singt den Tango wie keine andre
und legt ihr Herz in jeden Vers hinein.
Den Duft von Vorstadtunkraut gibt sie ihrer Stimme,
und es ist der Kummer des Bandoneon, den sie hat.
Vielleicht erhielt ihre Lerchenstimme dort in der Kindheit
diese dunkle Färbung einer engen Gasse,
oder es war jene Romanze, von der sie nur spricht,
wenn der Alkohol sie traurig macht.
Malena singt den Tango mit Schattenstimme,
Malena hat den Kummer des Bandoneon.

Malena

Malena canta el tango como ninguna
y en cada verso pone su corazón.
A yuyo del suburbio su voz perfuma,
Malena tiene pena de bandoneón.
Tal vez allá en la infancia su voz de alondra
tomó ese tono oscuro de callejón,
o acaso aquel romance que sólo nombra
cuando se pone triste con el alcohol.
Malena canta el tango con voz de sombra,
Malena tiene pena de bandoneón.

Jorge Luis Borges
Geschichte des Tango

Vicente Rossi, Carlos Vega, Carlos Muzzio Saenz Pena, sie alle gründliche Forscher, haben den Ursprung des Tangos auf verschiedene Weise dargestellt. Ich erkläre unumwunden, daß ich alle ihre Schlußfolgerungen und jedwede andere unterschreibe. Es gibt eine Geschichte vom Schicksal des Tangos, die das Kino in regelmäßigen Abständen verbreitet; nach dieser gefühlvollen Version habe der Tango in der Vorstadt, in den Mietskasernen das Licht der Welt erblickt (meist im Mündungsviertel des Riachuelo, wegen der Fotogenität dieses Stadtgebietes); das Patriziat habe ihn zunächst abgelehnt; vom guten Pariser Beispiel belehrt, habe es um 1910 seine Tore schließlich dem interessanten Stadtrandgeschöpf geöffnet. Dieser Bildungsroman, dieser »Roman über einen armen Jüngling« ist mittlerweile eine Art von unbestrittener Wahrheit oder von Axiom geworden; meine Erinnerungen (ich habe das fünfzigste Lebensjahr erreicht) und mündliche Ermittlungen, die ich angestellt habe, bekräftigen diese allerdings nicht.

Ich habe mich mit José Saborido, dem Autor von Felicia und von La morocha, mit Ernesto Poncio, dem Autor von Don Juan, mit den Brüdern von Vincente Greco, dem Autor von La viruta und La tablada, mit Nicolas Paredes, der im Viertel Palermo eine Art Häuptling war, endlich mit einem ihm befreundeten Gauchosänger unterhalten. Ich habe sie reden lassen und darauf geachtet, keine Fragen zu stellen, die bestimmte Antworten auszulösen vermocht hätten. Über die Herkunft des Tangos befragt, wichen ihre Auskünfte über die Topographie und die Geographie stark voneinander ab: Saborido (der aus Uruguay stammte) verlegte die Wiege des Tangos nach Montevideo; Pincio (aus dem Stadtteil Retiro gebürtig) optierte für Buenos Aires und sein eigenes Stadtviertel; die Bewohner des südlichen Stadtviertels machten die Calle Chile geltend; die aus dem Norden von Buenos Aires die Prostituiertenstraße Calle del Temple oder die Calle Junín.

Trotz der aufgezählten Abweichungen, die durch Befragung von Leuten aus La Plata oder Rosario leicht zu erweitern wären, stimmten meine Berater in einem wesentlichen Punkt überein: dem Ursprung des Tangos in den Bordellen. (Und zugleich im Datum dieses Ursprungs, das für keinen weit vor 1880 oder nach 1890 lag.) Das anfängliche Instrumentarium der Orchester – Klavier, Flöte, Geige, später Bandoneon – bekräftigt durch den Kostenaufwand dieser Aussage; es ist Beweis dafür, daß der Tango nicht in den Randvierteln entstanden ist, denn dort begnügte man sich bekanntlich mit den sechs Saiten der Gitarre. Es fehlt nicht an zusätzlichen Bestätigungen: die lüsternen Tanzfiguren, die offensichtliche Anzüglichkeit gewisser Titel (El choclo – der Maiskolben –, El fierrazo – das Feuereisen), der Umstand, den ich als Kind in Palermo und Jahre später in La Chacarita und in Boedo beobachten konnte: an den Straßenecken tanzten Männer zusammen, weil die Frauen aus dem Volk nicht an einem Schlampenschwof teilnehmen wollten. Evaristo Carriego hat dies in seinen Ketzermessen festgehalten:

En la calle, la buena gente derrocha
sus guarangos decires más lisonjeros,
porque al compás de un tango, que es la morocha,
lucen ágiles cortes dos orilleros.

Auf der Straße ergießen die braven Leute
ihre schmeichelhaftesten Unhöflichkeiten,
denn beim Rhythmus eines Tango namens
La morocha

produzieren sich zwei Männer vom Stadtrand mit
geschmeidigen ›cortes‹.

An einer anderen Stelle schildert Carriego mit einem Überfluß an beklemmenden Einzelheiten ein armseliges Hochzeitsfest; der Bruder des Bräutigams sitzt im Gefängnis, da sind zwei Krakeeler, die der Gigolo mit Drohungen zur Ruhe bringen muß, da gibt es Argwohn und Groll und gemeine Scherze, aber

El tío de la novia, que se ha creído
obligado a fijarse si el baile toma
buen carácter, afirma, medio ofendido,
que no se admiten cortes, ni aun en broma ...
Que, la modestia a un lado, no se la pega
ninguno de esos vivos ... seguramente.
La casa será pobre, nadie lo niega,
todo lo que se quiera, pero decente ...

Der Onkel der Braut, der meinte, er
müsse sich darum kümmern, daß das Tanzfest
ordentlich bleibt, bekräftigt, fast beleidigt,
daß »cortes« nicht einmal im Scherz erlaubt sind ...
Daß, die Bescheidenheit beiseite, man nichts
von diesen Schamlosigkeiten sehen will,
und zwar ernsthaft.
Das Haus mag arm sein, das leugnet keiner,
und was man sonst noch will, aber anständig ...

Dieser jähe, strenge Mann, den uns die beiden Strophen deutlich ahnen lassen, zeigt sehr gut die erste Reaktion des Volkes auf den Tango, dieses »Bordellreptil«, wie Leopoldo Lugones ihn mit lakonischer Verachtung nannte (El payador, p. 117). Viele Jahre dauerte es im Stadtteil Norte, bis der Tango, den Paris schon weniger anstößig und damit gesellschaftsfähig gemacht hatte, sich in den Mietskasernen durchsetzte, und ich weiß nicht, ob das bis heute ganz gelungen ist. Früher war der Tango eine orgiastische Teufelei; heute ist er eine Art zu schreiten. (...)

Die Texte

Von ungleichem Wert, da sie bekanntlich von Hunderten und Tausenden der verschiedenartigsten Federn stammen, bilden die Tangotexte, welche die Inspiration oder der Fleiß zusammengetragen haben, nach Abschluß eines halben Jahrhunderts ein fast unentwirrbares corpus poeticum, das die argentinischen Literaturhistoriker lesen oder zumindest für sich beanspruchen werden. Das Volkstümliche, vorausgesetzt, daß das Volk es schon nicht mehr versteht, vorausgesetzt, daß die Jahre es haben altern lassen, gewinnt die nostalgische Verehrung der Gelehrten und läßt Polemiken und Glossare zu; wahrscheinlich wird um 1990 die Vermutung oder die Gewißheit laut werden, daß die wahre Poesie unserer Zeit nicht in der Urne von Banchs oder im Provinzlicht von Mastronardi beschlossen liegt, sondern in den unvollkommeneren Stücken, die in El alma que canta versammelt sind. Diese Vermutung stimmt melancholisch. Sträfliche Nachlässigkeit hat mir die Erwerbung und das Studium dieses chaotischen Repertoriums verwehrt, doch sind mir seine Vielfalt und das wachsende Umfeld seiner Themen nicht unbekannt. Anfangs kannte der Tango keine Texte, oder diese waren obszön und zufällig. Einige waren ländlich (»Ich bin die treue Gefährtin des edlen Gauchos der Stadt«), denn die Komponisten suchten das Volkstümliche, und das schlimme Leben und die Vorstädte boten damals keinen poetischen Stoff. Andere wie die artverwandte Milonga waren fröhliche und prächtige Prahlereien (»Im Tango bin ich so stark / daß es, wenn ich einen doppelten ›corte‹ mache, / im Norden widerhallt, / falls ich gerade im Süden bin«). Später hielten Tangotexte wie gewisse Romane des französischen Naturalismus oder wie gewisse Stiche von Hogarth die örtlichen Schicksalsschläge des harlot's progress fest (»Dann warst du das Liebchen / eines alten Apothekers / und der Sohn eines Kommissars / nahm dir alle Moneten ab«); desgleichen später die beklagte Bekehrung der Krakeeler- oder Armenviertel zum Anstand (»Puente Alsina / Wo ist dieser Gauner?« oder »Wo sind jene Männer und diese Dirnen: rote Stirnbänder und Schlapphüte, die man in Requena kannte?« – »Wo ist mein Villa Crespo aus anderen Zeiten?« – »Sobald die Juden kamen / war Triunvirato erledigt«). Schon sehr früh hatten heimliche oder sentimentale Liebeshändel den Dichterfedern Arbeit gegeben (»Weißt du nicht mehr, daß du bei mir / einen Hut trugst / und jenen Ledergürtel / den ich einer andren Mieze stibitzte?«). Tangos der Anschuldigung, Tangos des Hasses, Tangos des Spotts und des Grolls, die sich gegen die schriftliche Übermittlung und gegen die Erinnerung sperrten. Der gesamte Stadtbetrieb zog in den Tango ein: Lotterleben und Vorstadt waren nicht die einzigen Themen. Im Vorwort zu seinen Satiren schrieb Juvenal denkwürdigerweise, alles, was die Menschen bewegt – Begehr, Furcht, Zorn, Fleischeslust, Ränke, Glück – werde der Rohstoff seines Buches sein; mit verzeihlicher Übertreibung könnten wir sein berühmtes quidquid agunt homines auf die Gesamtheit der Tangotexte anwenden. Wir könnten auch sagen, daß die Tangotexte eine unzusammenhängende, weitgespannte comédie humaine des Lebens von Buenos Aires bilden. Bekanntlich hat Wolf gegen Ende des achtzehnten Jahrhunderts geschrieben, die Ilias, bevor sie Epopöe wurde, sei eine Reihe von Gesängen und Rhapsodien gewesen; das gestattet uns vielleicht die Prophezeiung, daß die Tangotexte mit der Zeit ein langes bürgerliches Gedicht bilden und einen ehrgeizigen Literaten zu der Niederschrift eben dieses Gedichts anregen werden.

Bekannt ist Andrew Fletchers Ansicht: »Wenn man mich alle Balladen einer Nation schreiben läßt, ist es mir gleichgültig, wer die Gesetze schreibt«; der Ausspruch legt die Vermutung nahe, daß die alltägliche oder überlieferte Dichtung auf die Empfindungen einwirken und das Verhalten bestimmen kann. Bei der Anwendung dieser Annahme auf den argentinischen Tango würden wir darin einen Spiegel unserer Wirklichkeiten sehen und zugleich einen Mentor oder ein Modell von fraglos schädlichem Einfluß. Die Milonga und der Tango der Ursprünge mochten töricht oder zumindest leichtsinnig sein, dennoch waren sie tapfer und fröhlich; der spätere Tango ist voller Ressentiment, er beklagt mit üppiger Sentimentalität die eigenen Unglückssträhnen und feiert schamlos fremdes Unglück.

Ich erinnere mich, daß ich um 1926 dazu neigte, den Italienern (konkreter: den Genuesen vom Boca-Viertel) die Schuld am Verfall der Tangos zuzuschreiben. In jenem Mythos oder in der Phantasie eines von den »Gringos« verdorbenen »Kreolen«-Tangos sehe ich heute ein deutliches Symptom für gewisse nationalistische Häresien, welche die Welt später verwüstet haben – auf Antrieb der Gringos, wohlbemerkt. Nicht das Bandoneon, das ich irgendwann feige taufte, nicht die fleißigen Komponisten einer Flußvorstadt haben den Tango zu dem gemacht, was er ist, sondern die gesamte Republik. Überdies hießen die alten Kreolen, die den

Tango zur Welt gebracht haben, Bevilacqua, Greco oder de Bassi ...

Gegen meine Verleumdung des Tangos der gegenwärtigen Epoche könnte jemand einwenden, daß der Übergang von Kühnheit oder Prahlerei zur Traurigkeit nicht zwangsläufig schuldhaft zu sein braucht und ein Anzeichen der Reife sein kann. Mein imaginärer Widersacher könnte auch gerne hinzufügen, daß der harmlose und wackere Ascásubi für den wehleidigen Hernández das ist, was der erste Tango für den letzten ist und daß niemand – Jorge Luis Borges vielleicht ausgenommen – sich von dieser Glücksminderung zu der Folgerung verführen ließ, Martín Fierro sei weniger wertvoll als Paulino Lucero. Die Antwort fällt leicht: Der Unterschied ist nicht nur hedonistischer Tönung: er ist moralischer Tönung. Im alltäglichen Tango von Buenos Aires, im Tango der Familienbande und der sittsamen Konditoreien schwingt etwas von trivialer Schurkerei, ein Hauch von Niedertracht mit, von dem die Tangos des Messers und des Bordells nicht einmal träumten.

Musikalisch dürfte der Tango unbedeutend sein; seine einzige Bedeutung ist die, welche wir ihm verleihen. Die Überlegung ist richtig, wenn sie auch vielleicht auf alle Dinge anwendbar ist. Auf unseren persönlichen Tod, zum Beispiel, oder auf die Frau, die uns verschmäht ... Der Tango ist ein Gegenstand der Diskussion, und wir diskutieren ihn, aber er birgt wie alles Wahre ein Geheimnis. Die Musiklexika halten seine von allen gutgeheißene, kurze und ausreichende Definition fest; diese Definition ist elementar und verheißt keine Schwierigkeiten, doch der französische oder spanische Komponist, der sich im Vertrauen auf sie ganz korrekt einen »Tango« ausdenkt, entdeckt nicht ohne Befremden, daß er sich etwas ausgedacht hat, was unsere Ohren nicht erkennen, unser Gedächtnis nicht aufnimmt und unser Körper ablehnt. Man könnte sagen, daß man ohne Abende und Nächte von Buenos Aires keinen Tango schreiben kann, und daß uns Argentinier im Himmel die platonische Idee des Tangos erwartet, seine universale Form (diese Form, die La tablada und El choclo kaum andeuten), und daß diese wiewohl bescheidene, aber glückhafte Gattung ihren Platz im Universum hat.

ARO'
CAMINITO
GALOS
ALOS·GIFTS
Caminito

BAR

Personen, Orte, Begriffe

abanico: »Fächer«, eine Tanzfigur.

Academia Nacional del Tango: Gegründet 1990 von Horacio Ferrer, dem bedeutendsten lebenden Tangopoeten; er ist zugleich Präsident der Akademie, die aus Schule, Bibliothek, Archiv, Kino und Konzertsaal besteht.

arrastrando: Bezeichnung für schleppenden, schleifenden Tanzstil.

barrio: Stadtteil.

Bar Sur: typische kleine Tangobar in San Telmo.

Borges, Jorge Luis (1899-1986): argentinischer Schriftsteller, verfaßte Erzählungen, Romane, Lyrik und Essays. Er widmete seiner Geburtsstadt Buenos Aires zahlreiche Gedichte.

¡che!: umgangssprachlicher Ausruf für »He!« oder »He, Mann!«

clase: Unterrichtsstunde.

Club El Abrazo (»Die Umarmung«): Tangoclub in der Confitería Ideal.

Club Torquato Tasso: Tangoclub in San Telmo.

Colángelo, José: zeitgenössischer Pianist, spielte früher im Orchester von Aníbal Troilo.

corte: »Schnitt«, d. h. abrupter Abbruch einer Schrittfolge.

Demare, María José: bekannte zeitgenössische Tangosängerin.

Discépolo, Enrique Santos (1901-1951): Tangotexter, Komponist, Journalist. Von ihm stammt der vielzitierteSatz »Tango ist ein trauriger Gedanke, den man tanzen kann.«

El Carmen: Tangobar im Zentrum von Buenos Aires.

El Chino: ursprüngliche Tangokneipe in Pompeya.

Flores, Celedonio Esteban (1896-1947): Tangotexter, Dichter, Boxer und Rezitator.

Gardel, Carlos (1890-1935): Sänger, Komponist, Schauspieler. Seine Interpretation des Tangos Mi noche triste (Meine traurige Nacht) markiert den Beginn des Tangolieds.

Iavagnilio, Juan Carlos: zeitgenössischer Poet, nebenberuflich Tanzlehrer, Absolvent der ehemaligen Universidad del Tango. Er definiert den Tango als die Kunst, »mit den Füßen zu träumen«.

La Boca: altes Hafenviertel von Buenos Aires.

La Chacarita: Friedhof in Buenos Aires. Im »Panteón de los Ilustres« werden neben anderen bekannten argentinischen Persönlichkeiten vor allem Tangokünstler verehrt.

La Pera, Alfredo (1904-1935): Bühnenjournalist und Theaterautor, Drehbuchautor und Regisseur bei Paramount, Gardels engster Mitarbeiter und Tangotexter (u. a. Mi Buenos Aires querido). Er kam zusammen mit Gardel bei einem Flugzeugabsturz ums Leben.

Los Andes: Tangolokal im Stadtteil Villa Crespo.

Manzi, Homero (1907-1947): Tangotexter, Journalist und Drehbuchautor.

Maracaibo: beliebtes Tangolokal im Zentrum.

medialuna: »Halbmond«, eine Tanzfigur.

milonga: Volkslied und Tanzmusik am Río de la Plata, zugleich auch Tanzfest, Tanzsalon.

muy piazzolla: »typisch Piazzolla«, d. h. sehr moderner Tango.

Palacio de Gobierno: Gebäude an der Plaza de Mayo, in dem Tangokonzerte stattfinden.

Palermo: Stadtteil, in dem Jorge Luis Borges geboren wurde und dem er etliche Gedichte widmete.

Piazzolla, Astor (1921-1992): Bandoneonist, Orchesterleiter und Komponist. Begründer des tango nuevo. Er gilt als bedeutendster Tangomusiker – »Der Tango, das bin ich.«

Plaza Dorrego: Platz in San Telmo mit vielen Tangobars und sonntäglichen Tangoveranstaltungen.

Pompeya: Arbeiterviertel.

porteño: Einwohner von Buenos Aires, als Adjektiv »typisch für Buenos Aires bzw. für die Bewohner der Stadt«.

Pugliese, Osvaldo (1905-1995): Pianist, Orchesterleiter und Komponist. Gehörte mit Troilo zu den Erneuerern des Tango.

quebradas: choreographische Verzierungen.

Quinquela Martín, Benito: zeitgenössischer argentinischer Maler, der die Farbgestaltung der Häuser in La Boca anregte. Ihm ist der Weg »El Caminito« in La Boca mit Wandgemälden und Skulpturen zu verdanken.

rueda: »Kreis«, eine Tanzfigur.

San Telmo: heute das Tangoviertel in Buenos Aires.

Sexteto Sur: bekanntes Tango-Orchester der »neuen Generation«.

Sólo Tango: Fernsehkanal, der ausschließlich Tango sendet.

Storni, Alfonsina (1892-1938): argentinische Lyrikerin, verfaßte erotisch-pessimistische Gedichte.

tango for export: Tangoshow speziell für Touristen, die auch andere lateinamerikanische Tänze in ihrem Programm zeigt.

tango nuevo: der vor allem von Piazzolla durch Elemente der Klassik und des Jazz erneuerte Tango.

tanguero: Tangoliebhaber, Tangotänzer, Tangomusiker.

Teatro Alvear: Theater mit Tangokonzerten in der Avenida Corrientes.

Teatro Nacional Cervantes: großes Theater mit Tangoaufführungen an der Plaza Lavalle.

Troilo, Aníbal, genannt Pichuco (1914-1975): virtuoser Bandoneonist, Orchesterleiter und Komponist. Vorbild von Astor Piazzolla.

Ortsregister

Textnachweis

22 Maldito tango. Text von Luis Roldán, Übersetzung von Dieter Reichardt. In: Dieter Reichardt (Hg.): Tango. Verweigerung und Trauer. Kontexte und Texte, Frankfurt 1984. Abdruck mit freundlicher Genehmigung des Verlags Vervuehrt.

25 Cafetín de Buenos Aires. Text von Enrique Santos Discépolo, Übersetzung von Dieter Reichardt. In: Reichardt, a. a. O.

33 Alma de bandoneón. Text von Enrique Santos Discépolo und Luis César Amadori, Übersetzung von Dieter Reichardt. In: Reichardt, a. a. O.

41 Organito de la tarde. Text von José Gonzáles Castillo, Übersetzung von Dieter Reichardt. In: Reichardt, a. a. O.

49 Acquaforte. Text von Carlos Marambio Catán, Übersetzung von Dieter Reichardt. In: Reichardt, a. a. O.

59 Barrio de tango. Text von Homero Manzi. Übersetzung von Dieter Reichardt. In: Reichardt, a. a. O.

73 Por qué canto así. Text von Celedonio Esteban Flores, Übersetzung von Dieter Reichardt. In: Reichardt, a. a. O.

87 ¡Che bandoneón! Text von Homero Manzi. Übersetzung von Dieter Reichardt. In: Reichardt, a. a. O.

99 Malena. Text von Homero Manzi, Übersetzung von Dieter Reichardt. In: Reichardt, a. a. O.

112 Jorge Luis Borges, Geschichte des Tango. In: ders., Gesammelte Werke Bd. 5/II. Essays 1952-1979, München o. J. Abdruck mit freundlicher Genehmigung des Carl Hanser Verlags.

Die Fotografen

Tina Deininger wurde 1953 in Hannover geboren. Nach ihrer Ausbildung zur Fotografin war sie von 1975 bis 1984 in der Werbebranche tätig. 1986 legte sie die Prüfung zur Fotografenmeisterin ab. Gemeinsam mit Gerhard Jaugstetter betreibt sie heute ein Fotostudio in Burgwindheim im Steigerwald.

Gerhard Jaugstetter wurde 1956 in Geiselwind geboren. Nach seiner Ausbildung zum Fotografen war er von 1976 bis 1980 Werbefotograf, bereiste zwischen 1980 und 1982 Lateinamerika und ist seit 1982 selbständiger Fotograf.

Ihre Liebe zu Südamerika führte die beiden Fotografen schon wiederholt auf den lateinamerikanischen Subkontinent. So zum Beispiel 1993 nach Brasilien für eine Reportage über die Straßenkinder in den Großstädten.

Seit 1992 regelmäßig Ausstellungen im In- und Ausland. 1997 erschien ihr Bildband »Pessoas Lissabon« bei ars vivendi.